MARTINA KITTLER

VEGETARISCH KOCHEN MIT 5 ZUTATEN

FOTOGRAFIE: GROSSMANN.SCHÜRLE, AUEN60 PHOTOGRAPHY

INHALT

Öffnen Sie die Klappen dieses Buches.
Dort finden Sie die wichtigsten Infos zum Thema auf einen Blick!

DAS PRINZIP:
VEGGIE MIT
5 ZUTATEN

DIE PERFEKTE
KOMBI

Immer griffbereit:

SO GEHT'S:
GEMÜSE ZUM
EINFRIEREN

Immer griffbereit:

CLEVERE VEGGIE-
VORRATSKÜCHE

GU CLOU

Wussten Sie schon, dass ...?
Entdecken Sie bei einigen ausgewähl-
ten Rezepten ganz besondere Tipps
mit verblüffendem Insiderwissen.
Aha-Momente garantiert!

 Mit diesem Symbol sind alle veganen
Gerichte gekennzeichnet.

 Die Backzeiten können je nach Herd variie-
ren. Unsere Temperaturangaben beziehen
sich auf das Backen im Elektroherd mit
Ober- und Unterhitze.

 Sammeln Ihrer Lieblingsrezepte
mit der »GU Kochen Plus«-App
(siehe S. 64)

REZEPTKAPITEL

06 KLEINE GERICHTE

20 ONE-POT-MEALS

34 AUS DEM OFEN

48 SÜSSES

MARTINA KITTLER

Einfach genießen! Für Kohlrabicremesuppe, Veggie-Bolognese oder Polenta-Gemüse-Auflauf brauchen Sie nur fünf Zutaten besorgen. Ein kreativer Kick für mich als Rezeptentwicklerin, eine Erleichterung für alle, die in der Küche stehen. Salz und Pfeffer zählen wir nicht mit – die hat meist ohnehin jeder im Vorrat.

Vegetarisch mit fünf Zutaten – geht das?

Natürlich! Auch ohne Fisch und Fleisch kann man mit nur einer Handvoll Lebensmitteln und wenig Aufwand ein leckeres Essen zubereiten. Optimal, wenn es mal wieder schnell gehen muss. Sei es gegen Hunger am Feierabend, für gestresste Eltern, aus Bequemlichkeit oder weil Sonntag ist und man daheim mit Vorräten zaubern muss. Kleinigkeiten wie Salate und Suppen, sättigende Mahlzeiten aus Topf, Pfanne oder Ofen, Süßes – alles ist möglich und auch für Ungeübte gut zu händeln. Schluss mit langen Zutatenlisten und Großeinkauf! Es kann gleich losgehen.

Wie kommt man mit wenig aus?

Ganz einfach: Ein paar Grundzutaten wie Öl, Essig, Brühe sowie einige Gewürze, z. B. Salz, Pfeffer, Paprikapulver und Currypulver, gehören am besten in jeden Basis-Vorrat. Auch Nudeln, Reis, Milch und Butter findet man garantiert in jeder Küche. In Kombination mit frischem Gemüse, Käse und praktischen Helfern aus Tiefkühltruhe, Dosen und Gläsern sowie Frischteigen aus dem Kühlregal des Supermarkts lassen sich abwechslungsreiche Gerichte auftischen.

5-Zutaten-Küche mit einem guten Gewissen?

Aber ja! Frisches Obst und Gemüse stehen bei den Rezepten im Mittelpunkt – neben ganzjährigen Möhren, Brokkoli oder Paprika kommen auch saisonale Sorten wie Spargel, Steckrüben und Zwetschgen auf den Teller. Außerdem Gemüse, deren frische Blätter gleich mitverwendet werden: Kohlrabi, Fenchel, Radieschen. Sie pimpen ein Gemüsegericht zu einem vitalstoffreichen Veggie-Traum.

BLITZREZEPT: ONE-POT-ASIA-PASTA

1 Bund Frühlingszwiebeln
und 2 große rote Paprika
waschen, putzen und
in 4–5 cm lange, feine
Streifen schneiden

400 g Tofu natur
in 2 cm große
Würfel schneiden

400 g schmale Bandnu-
deln (z. B. Tagliatelle)

*Die Hälfte der Zwiebeln, Papri-
kastreifen und Tofu mit Nudeln,
Currypaste und 1,2 l Wasser in
einem großen Topf mischen,
salzen und pfeffern. Zugedeckt
aufkochen und unter Rühren
bei mittlerer Hitze ca. 15 Min.
offen köcheln lassen, bis die Nudeln bissfest sind, dabei immer
wieder umrühren. Mit restlichen Frühlingszwiebeln bestreut
servieren.*

2 EL rote Thai-Currypaste
Salz und Pfeffer

KLEINE GERICHTE

FENCHEL-ORANGEN-SALAT

FÜR GÄSTE

2 Orangen
Salz
Pfeffer
5 EL Olivenöl
2 Knollen Fenchel (à ca. 300 g)
50 g schwarze Oliven (entsteint)
4 Ziegenkäsetaler (z. B. Crottin de
    Chavignol)

TAUSCH-TIPP

Lust auf Erfrischung im Sommer? Dann nehmen Sie Cantaloupe-Melone statt Orange für den fruchtigen Salat. 500 g Melone entkernen, schälen und in grobe Stücke schneiden. 80 g Fruchtfleisch pürieren und statt des Orangensafts für das Dressing verwenden.

1 Die Orangen so großzügig schälen, dass auch die weiße Haut mit entfernt wird. Die Filets zwischen den Trennwänden herausschneiden, dabei den austretenden Saft auffangen und die Orangenreste ausdrücken. Den Orangensaft (ca. 5 EL) in einer Schüssel mit Salz, Pfeffer und 4 EL Olivenöl verquirlen.

2 Den Backofen auf 200° vorheizen. Den Fenchel waschen und putzen, dabei das zarte Grün aufbewahren. Die Knollen vierteln und jeweils den harten Strunk entfernen. Die Viertel auf dem Gemüsehobel oder mit einem scharfen Messer in dünne Streifen hobeln oder schneiden. Die Oliven falls nötig abtropfen lassen. Fenchelstreifen, Orangenfilets und Oliven zum Dressing geben, alles gut mischen und ziehen lassen.

3 Die Ziegenkäsetaler in eine kleine ofenfeste Pfanne legen, mit dem übrigen Olivenöl (1 EL) bestreichen und mit Pfeffer würzen. Im Ofen (Mitte) ca. 10 Min. backen, bis der Käse zu schmelzen beginnt. Herausnehmen und mit dem Fenchelsalat anrichten. Das Fenchelkraut grob zerpflücken und auf den Salat streuen. Sofort servieren. Dazu passt Baguette.

Für 4 Personen • 20 Min. Zubereitung • Pro Portion ca. 250 kcal, 9 g E, 19 g F, 10 g KH

WASSERMELONEN-FETA-SALAT

SOMMER-REZEPT

1 Bio-Limette
4 Stiele Minze
Salz
Pfeffer
3 EL Olivenöl
1 kg Wassermelone
200 g Schafskäse (Feta)

1 Die Limette heiß waschen und trocken reiben, die Schale mit einem Zestenschneider in feinen Streifen abziehen (alternativ die Schale mit dem Messer dünn abschälen und in feine Streifen schneiden). Die Limette halbieren und 3 EL Saft auspressen. Die Minze abbrausen und trocken schütteln, die Blätter abzupfen und bis auf ein paar Blättchen zum Garnieren in feine Streifen schneiden.

2 Für das Dressing Limettenschale und -saft mit etwas Salz und Pfeffer, den Minzestreifen und dem Olivenöl in einer Schüssel sehr gut verrühren.

3 Die Melone schälen und in mundgerechte Stücke schneiden, dabei die Kerne entfernen. Die Melonenstücke in die Schüssel geben und mit der Limetten-Vinaigrette mischen. Den Feta grob zerkrümeln und daraufstreuen. Mit Minze garniert servieren.

Für 4 Personen • 25 Min. Zubereitung • Pro Portion ca. 295 kcal, 14 g E, 23 g F, 6 g KH

ZUCCHINI-TOMATEN-SALAT

VITAMINREICH

500 g Tomaten
2 Zucchini (grün und gelb;
ca. 400 g)
250 g Mozzarella
1 Bio-Zitrone
4 EL Olivenöl
Salz
Pfeffer

1 Die Tomaten waschen, vom Stielansatz befreien und quer in dünne Scheiben schneiden. Die Zucchini waschen, putzen und in ca. 1 cm dicke Scheiben schneiden. Den Mozzarella abtropfen lassen und in Scheiben schneiden. Die Zitrone heiß waschen und trocken reiben, die Schale fein abreiben und den Saft auspressen.

2 Das Olivenöl in einer großen, schweren Pfanne erhitzen und die Zucchinischeiben darin portionsweise bei mittlerer bis großer Hitze von beiden Seiten in ca. 4 Min. hellbraun braten. Herausnehmen, mit Salz, Pfeffer und abgeriebener Zitronenschale würzen und mit dem Zitronensaft beträufeln.

3 Die Tomaten-, Zucchini- und Mozzarellascheiben abwechselnd und leicht überlappend auf Tellern anrichten. Mit dem abgetropften Zitronendressing beträufeln und servieren.

PILZ-FELDSALAT MIT PAPRIKA ◖

FÜR GÄSTE

200 g Feldsalat
400 g kleine Kräuterseitlinge
  (ersatzweise Austernpilze)
4 EL Olivenöl
Salz
Pfeffer
4 EL Weißweinessig
200 g gegrillte Paprika (rot und
  gelb in Öl; aus dem Glas)

GUT ZU WISSEN

Kräuterseitlinge sind Zuchtpilze für Feinschmecker – sie erinnern optisch und geschmacklich an Steinpilze. Außerdem liefert der Verwandte des Austernpilzes eine gute Portion Eiweiß und ist damit für Vegetarier und Veganer als Fleischersatz eine wertvolle Alternative.

1 Den Feldsalat verlesen, putzen, waschen und sehr gut abtropfen lassen oder vorsichtig trocken schleudern. Die Kräuterseitlinge putzen und längs halbieren, größere Exemplare in kleinere Stücke schneiden.

2 Das Olivenöl in einer großen beschichteten Pfanne erhitzen. Die Pilze darin bei mittlerer bis großer Hitze unter Wenden ca. 4 Min. braten, dann mit Salz und Pfeffer würzen. Den Essig und 100 ml Wasser dazugeben und alles einmal aufkochen lassen. Dann die Pilze samt Sud in eine flache Schale geben und lauwarm abkühlen lassen.

3 Inzwischen die Paprika in einem Sieb abtropfen lassen, in ca. 2 cm große Stücke schneiden und diese in eine große Schüssel geben. Die Pilze samt Sud und den Feldsalat dazugeben und alles vorsichtig vermischen.

4 Den Salat auf Tellern anrichten und sofort servieren.

Für 4 Personen • 45 Min. Zubereitung • Pro Portion ca. 345 kcal, 11 g EW, 15 g F, 8 g KH

QUINOASALAT MIT JOGHURT

FÜRS BÜFETT

150 g bunte Quinoa
Salz
500 g Brokkoli
4 EL Olivenöl
Pfeffer
1 Dose Mais (285 g Abtropf-
  gewicht)
100 g griechischer Joghurt
  (10 % Fett)

1 Die Quinoa in einem Sieb mit lauwarmem Wasser abspülen und abtropfen lassen. In einem Topf mit 400 ml Wasser und ½ TL Salz aufkochen und zugedeckt bei mittlerer Hitze 15–20 Min. garen, bis die Flüssigkeit aufgesogen ist. In einer Schüssel abkühlen lassen.

2 Inzwischen den Brokkoli waschen, putzen und in kleine Röschen teilen. Die Stiele schälen, längs halbieren oder vierteln und in Scheiben schneiden. Das Öl in einer großen beschichteten Pfanne erhitzen und den Brokkoli darin zunächst bei starker Hitze ca. 3 Min. unter Rühren braten. Dann 100 ml Wasser angießen und zugedeckt bei mittlerer Hitze ca. 5 Min. dünsten, salzen und pfeffern. Den Mais in einem Sieb abtropfen lassen. Mit dem Brokkoli zur Quinoa geben.

3 Den Joghurt mit 4 EL Wasser verrühren, mit Salz und Pfeffer abschmecken. Die Hälfte des Dressings vorsichtig mit dem Salat mischen. Den Salat anrichten und mit dem übrigen Dressing servieren.

Für 4 Personen • 30 Min. Zubereitung • Pro Portion ca. 420 kcal, 9 g EW, 17 g F, 55 g KH

TABOULÉ MIT GRANATAPFEL 🌿

VITAMINREICH

250 g Bulgur
1 Granatapfel
Salz
Pfeffer
6 EL Olivenöl
2 Bund Petersilie
6 Frühlingszwiebeln

1 Den Bulgur in einer Schüssel mit 250 ml kochendem Wasser übergießen und zugedeckt ca. 20 Min. quellen lassen. Inzwischen den Granatapfel andrücken, halbieren und auf einer Zitruspresse auspressen, dabei die Kerne und den Saft getrennt auffangen. Die Kerne von den weißen Häutchen befreien und beiseitelegen. Den Granatapfelsaft in einer Schüssel mit Salz, Pfeffer und Olivenöl verrühren.

2 Die Petersilie waschen und trocken schütteln, die Blätter abzupfen und fein schneiden oder hacken. Die Frühlingszwiebeln waschen und putzen, weiße und hellgrüne Teile in feine Ringe schneiden.

3 Den Bulgur mit einer Gabel auflockern und mit dem Granatapfel-Dressing mischen. Petersilie und Frühlingszwiebeln bis auf ein paar grüne Ringe mit dem Bulgur vermengen. Den Salat mit Salz und Pfeffer abschmecken und auf Tellern anrichten. Mit den Granatapfelkernen und den übrigen Frühlingszwiebelringen bestreuen.

SÜSSKARTOFFELSUPPE

VOLLWERT-REZEPT

1 Dose Kichererbsen (250 g Abtropf-
gewicht)
2 TL scharfes Currypulver
Salz
4 EL Olivenöl
500 g Süßkartoffeln
Pfeffer
200 g griechischer Joghurt (10 % Fett)

KICHERERBSEN: Den Backofen auf 180° vorheizen. Ein Backblech mit Backpapier auslegen. Die Kichererbsen in ein Sieb abgießen, kalt abbrausen und sehr gut abtropfen lassen. In einer Schüssel mit 1 TL Currypulver, ½ TL Salz und 1 EL Olivenöl gründlich vermischen. Die Kichererbsenmischung auf dem Backpapier verteilen und im Ofen (unten) in 35–40 Minuten knusprig backen, währenddessen zwischendurch wenden. Die Kichererbsen aus dem Ofen nehmen und auf einem Teller abkühlen lassen.

SUPPE: Die Süßkartoffeln schälen und in 1–2 cm große Stücke schneiden. 1 EL Olivenöl in einem Topf erhitzen und die Süßkartoffeln darin bei mittlerer Hitze 2–3 Minuten anbraten. Mit dem übrigen Currypulver (1 TL) bestäuben und kurz andünsten, dann mit Salz und Pfeffer würzen und 600 ml Wasser angießen. Alles aufkochen und zugedeckt bei mittlerer Hitze ca. 15 Minuten garen, bis die Süßkartoffeln weich sind.

FERTIGSTELLEN: Den Topf vom Herd nehmen und die Kartoffeln in der Garflüssigkeit mit dem Pürierstab fein pürieren. Den Joghurt untermixen. Die Suppe mit Salz und Pfeffer abschmecken und in tiefen Tellern oder Schalen anrichten. Mit je 1 EL Kichererbsen garnieren und mit je ½ EL Olivenöl beträufeln. Die restlichen Kichererbsen dazu servieren.

GU CLOU

Für noch mehr Aroma: Die Süßkartoffelwürfel ebenso wie die Kichererbsen mit Currypulver, Salz und Olivenöl vermengen und beides getrennt auf einem Backblech im Ofen backen. Die gerösteten Kartoffeln mit dem Wasser in einem Topf aufkochen und zugedeckt ca. 5 Min. garen. Dann die Suppe wie im Rezept beschrieben pürieren, würzen und servieren.

Für 4 Personen • 40 Min. Zubereitung • Pro Portion ca. 290 kcal, 4 g EW, 25 g F, 10 g KH

KOHLRABICREMESUPPE

VITAMINREICH

*800 g Kohlrabi (mit Grün;
    ersatzweise einige Blätter
    Blattspinat)*
*100 g vorwiegend festkochende
    Kartoffeln*
2 EL Olivenöl
500 ml Gemüsebrühe
250 g Sahne
Salz
Pfeffer

1 Das Kohlrabigrün abschneiden. Die zarten grünen Blätter waschen und abtropfen lassen, einige zum Garnieren beiseitelegen. Die übrigen Blätter fein hacken. Den Kohlrabi putzen und schälen. 100 g in feine Stifte schneiden, den Rest in 1–2 cm große Stücke. Die Kartoffeln schälen und in 1–2 cm große Stücke schneiden.

2 Das Olivenöl in einem Topf erhitzen. Die Kohlrabi- und Kartoffelwürfel darin bei mittlerer Hitze ca. 3 Min. dünsten. Mit der Brühe ablöschen, aufkochen lassen und das Gemüse zugedeckt bei mittlerer Hitze in ca. 20 Min. weich garen.

3 Die gehackten Kohlrabiblätter und die Sahne in den Topf geben und die Suppe unter Rühren kurz aufkochen. Dann alles mit dem Pürierstab sehr fein mixen. Die Suppe mit Salz und Pfeffer abschmecken und in Schalen oder tiefen Tellern anrichten. Mit den Kohlrabistiften und beiseitegelegten Kohlrabiblättern garniert servieren.

Für 4 Personen • 25 Min. Zubereitung • Pro Portion ca. 195 kcal, 6 g EW, 4 g F, 26 g KH

TOMATENSUPPE MIT NUDELN

FÜR KINDER

*100 g Nudeln (z. B. Gabel-
    spaghetti oder Hörnchen)*
Salz
1 EL Olivenöl
*750 g TK-Suppengemüse (z. B.
    Blumenkohl, grüne Bohnen,
    Erbsen, Möhren, Lauch,
    Sellerie, Weißkohl)*
2 EL Tomatenmark
1,2 l Gemüsebrühe
Pfeffer

1 Die Nudeln in reichlich kochendem Salzwasser nach Packungsanweisung bissfest garen, in ein Sieb abgießen und abtropfen lassen.

2 Inzwischen das Olivenöl in einem großen Topf erhitzen und das gefrorene Suppengemüse darin bei mittlerer Hitze 3–4 Min. unter Rühren andünsten. Das Tomatenmark einrühren und kurz mitdünsten. Die Brühe angießen, alles aufkochen und zugedeckt bei mittlerer Hitze ca. 15 Min. garen.

3 Die Nudeln in die Suppe geben und kurz mit erhitzen. Die Suppe mit Salz und Pfeffer abschmecken und in tiefen Tellern anrichten.

ONE-POT-MEALS

Für 4 Portionen • 30 Min. Zubereitung • Pro Portion ca. 320 kcal, 12 g EW, 25 g F, 4 g KH

GEMÜSEPFANNE MIT MOZZARELLA

VITAMINREICH

500 g junge Möhren
500 g Zuckerschoten
4 EL Olivenöl mit Zitrone
Salz
Pfeffer
125 ml Gemüsebrühe
250 g Mini-Mozzarellakugeln
(z. B. Büffelmozzarella)

1 Die Möhren putzen, schälen und auf dem Gemüsehobel oder mit dem Messer schräg in dünne Scheiben schneiden. Die Zuckerschoten waschen und putzen, größere Schoten schräg halbieren.

2 In einer großen beschichteten Pfanne 2 EL Olivenöl mit Zitrone erhitzen und die Möhren darin bei mittlerer Hitze 2–3 Min. andünsten. Mit Salz und Pfeffer würzen. Die Zuckerschoten dazugeben und kurz mitdünsten. Die Brühe angießen und das Gemüse zugedeckt bei mittlerer Hitze in ca. 5 Min. bissfest garen.

3 Inzwischen den Mozzarella abgießen und abtropfen lassen, größere Kugeln halbieren. Die Pfanne vom Herd nehmen und den Mozzarella untermischen. Mit Salz und Pfeffer abschmecken, auf Tellern anrichten und mit dem übrigen Olivenöl beträufeln. Dazu passt Baguette.

Für 4 Personen • 40 Min. Zubereitung • Pro Portion ca. 395 kcal, 28 g EW, 22 g F, 8 g KH

LUPINENFILET MIT GEMÜSE

LOW CARB

4 Lupinenfilets (à 100 g; aus
    dem Bioladen)
4 EL Olivenöl
Salz
Pfeffer
2 Zucchini (à ca. 200 g; davon
    möglichst 1 gelbe)
2 rote Paprika
2 Dosen Kirschtomaten
    (à 400 g)

1 Lupinenfilets trocken tupfen, rundherum mit 2 EL Olivenöl bestreichen, salzen und pfeffern. Zucchini waschen, putzen, jeweils längs halbieren und quer in ca. ½ cm dicke Scheiben schneiden. Paprika waschen, putzen und in 2–3 cm große Stücke schneiden.

2 Backofen auf 80° vorheizen. Eine große beschichtete Pfanne erhitzen, Lupinenfilets darin bei starker Hitze auf jeder Seite in ca. 2 Min. hellbraun anbraten. Aus der Pfanne nehmen und auf einer Platte im Ofen warm halten.

3 Übriges Öl (2 EL) in der Pfanne erhitzen und Zucchini darin bei mittlerer Hitze in 2–3 Min. unter Wenden hellbraun braten. Mit Salz und Pfeffer würzen. Paprika dazugeben und ca. 2 Min. weiterbraten. Tomaten samt Saft hinzufügen. Aufkochen und zugedeckt bei mittlerer Hitze ca. 5 Min. schmoren. Mit Salz und Pfeffer abschmecken. Lupinenfilets in Stücke schneiden und mit dem Gemüse anrichten.

Für 4 Personen • 45 Min. Zubereitung • Pro Portion ca. 495 kcal, 13 g EW, 12 g F, 76 g KH

PASTA MIT VEGGIE-BOLOGNESE 🌿

SOMMER-REZEPT

1 große Aubergine (ca. 500 g)
Salz
250 g Bundmöhren (mit Grün)
4 EL Olivenöl
1 Dose stückige Tomaten (400 g)
Pfeffer
400 g Spaghetti

GU CLOU

Bundmöhren sollte man from root to leaf – von der Wurzel bis zu dem üppigen Grün – verwenden. Die Blätter sind essbar und erinnern geschmacklich an eine Mischung aus Möhren und Petersilie. Außerdem stecken sie voller Vitamine, Spurenelemente und sekundärer Pflanzenstoffe und toppen die Veggie-Bolognese supergesund.

1 Die Aubergine waschen, putzen und in ca. ½ cm große Würfel schneiden. Die Auberginenwürfel salzen und ca. 20 Min. ziehen lassen, so wird ihnen Flüssigkeit entzogen und sie werden beim Braten krosser.

2 Inzwischen von den Möhren das Grün abschneiden, gründlich waschen und trocken schütteln, die groben Stiele entfernen. Die Möhren putzen, schälen und in kleine Würfel schneiden oder grob raspeln.

3 Die Auberginen mit Küchenpapier trocken tupfen. 2 EL Olivenöl in einer großen beschichteten Pfanne erhitzen und die Auberginen darin bei starker Hitze ca. 2 Min. unter Wenden anbraten. Das übrige Olivenöl (2 EL) und die Möhrenwürfel dazugeben und alles 2 Min. weiterbraten. Die Tomaten samt Saft und 100 ml Wasser hinzufügen. Unter Rühren aufkochen und mit Salz und Pfeffer würzen. Die Sauce zugedeckt bei kleiner Hitze 15–20 Min. schmoren.

4 Inzwischen die Spaghetti in Salzwasser nach Packungsanweisung bissfest garen. Das Möhrengrün fein hacken. Die Nudeln in ein Sieb abgießen, abtropfen lassen und mit der Sauce auf Tellern anrichten. Das Möhrengrün daraufstreuen.

Für 4 Personen • 30 Min. Zubereitung • Pro Portion ca. 540 kcal, 15 g EW, 19 g F, 76 g KH

SCHARFE PAPRIKAPASTA

GÜNSTIG

400 g kurze Nudeln (z. B. Penne)
Salz
2 rote Paprika
3 EL Olivenöl
4 EL scharfes Ajvar (Paprikapaste; aus dem Glas)
Pfeffer
4 EL Rauchmandeln (ersatzweise Mandeln natur)

1 Die Nudeln in Salzwasser nach Packungsanweisung bissfest garen. Inzwischen die Paprika längs halbieren, die weißen Trennwände und die Kerne entfernen. Die Hälften mit einem Sparschäler dünn schälen und in ca. 1 cm große Würfel schneiden.

2 Das Olivenöl in einer großen Pfanne erhitzen und die Paprikawürfel darin bei mittlerer Hitze 2–3 Min. andünsten. Das Ajvar und 400 ml Nudelkochwasser dazugeben. Alles aufkochen, mit Salz und Pfeffer würzen und offen bei kleiner Hitze ca. 10 Min. dünsten.

3 Die Mandeln grob hacken. Die Nudeln in ein Sieb abgießen und tropfnass in die Paprikasauce geben. Auf der abgeschalteten Herdplatte zugedeckt ca. 5 Min. durchziehen lassen. In tiefen Tellern anrichten und mit den Mandeln bestreut servieren.

Für 4 Personen • 30 Min. Zubereitung • Pro Portion ca. 590 kcal, 25 g EW, 20 g F, 74 g KH

BROKKOLIPASTA MIT TOFU

SCHNELL

Salz
500 g Brokkoli
400 g Tagliatelle (Bandnudeln)
200 g Räuchertofu
50 g italienischer Hartkäse
*   (z. B. Montello)*
4 EL Olivenöl
Pfeffer

1 In einem großen Topf reichlich Salzwasser zum Kochen bringen. Den Brokkoli waschen, putzen und in Röschen teilen. Die Stiele schälen und ca. 1 cm groß würfeln. Die Nudeln in das sprudelnd kochende Wasser geben und nach Packungsanweisung garen, dabei in den letzten 3 Min. den Brokkoli dazugeben und mitkochen.

2 Inzwischen den Tofu trocken tupfen und in ca. 1 cm große Würfel schneiden. Den Käse reiben. Den Pasta-Brokkoli-Mix in ein Sieb abgießen, dabei 125 ml Nudelkochwasser auffangen.

3 Das Olivenöl in einer großen beschichteten Pfanne erhitzen und die Tofuwürfel darin unter Rühren bei mittlerer Hitze 2–3 Min. anbraten. Den Pasta-Brokkoli-Mix und das aufgefangene Nudelkochwasser dazugeben, alles gut vermischen und bei kleiner Hitze ca. 3 Min. garen. Mit Salz und Pfeffer abschmecken. Die Pasta in tiefen Tellern anrichten und mit dem Käse bestreut servieren.

Für 4 Personen • 45 Min. Zubereitung • Pro Portion ca. 450 kcal, 21 g EW, 19 g F, 48 g KH

REISPFANNE MIT SPINAT UND EI

LAKTOSEFREI

4 Frühlingszwiebeln
2 EL Olivenöl
250 g 20-Minuten-Naturreis
Salz
Pfeffer
500 g Baby-Blattspinat
8 Eier (Größe M)

MEHR DARAUS MACHEN

Für eine orientalische Note die Reispfanne mit Zatar verfeinern. Das ist eine aromatisch-nussige Gewürzmischung aus der arabischen und nordafrikanischen Küche. Dazu gehören wilder Thymian, Sumach, Sesam sowie Salz und je nach Region noch Koriander, Fenchel und Anis. Zatar gibt es in den meisten türkischen Lebensmittelläden.

1 Die Frühlingszwiebeln waschen und putzen, die weißen und grünen Teile getrennt in feine Ringe schneiden.

2 Das Olivenöl in einer großen beschichteten Pfanne erhitzen und die weißen Frühlingszwiebelringe darin bei mittlerer Hitze 1–2 Min. anbraten. Den Reis dazugeben und unter Rühren kurz mitbraten. Mit Salz und Pfeffer kräftig würzen. 600 ml heißes Wasser angießen und alles zugedeckt aufkochen. Anschließend den Reis bei kleiner Hitze nach Packungsanweisung in 20–25 Min. ausquellen lassen, bis die Flüssigkeit vollständig aufgesogen ist.

3 Inzwischen den Spinat verlesen, waschen und vorsichtig trocken schleudern, die groben Stiele entfernen. Den Spinat ca. 5 Min. vor Ende der Garzeit zusammen mit den grünen Frühlingszwiebelteilen unter den Reis mischen und mitgaren.

4 Die Reismischung mit Salz und Pfeffer abschmecken und mit einem Esslöffel acht Mulden hineindrücken. Die Eier nacheinander aufschlagen und jeweils 1 Ei in eine Mulde gleiten lassen. Die Eier zugedeckt bei mittlerer Hitze in 4–5 Min. stocken lassen, dann leicht mit Salz und Pfeffer würzen. In der Pfanne servieren.

Für 4 Personen • 30 Min. Zubereitung • Pro Portion ca. 340 kcal, 9 g EW, 13 g F, 46 g KH

ROTE-BETE-KARTOFFELPÜREE

WINTER-REZEPT

*1 kg mehligkochende
Kartoffeln
600 g Rote Beten
Salz
4 Zwiebeln
50 g weiche Butter
200 ml Milch
Pfeffer*

1 Die Kartoffeln schälen und in grobe Stücke schneiden. Die Roten Beten putzen, schälen und in ca. 1 cm groß würfeln (dabei am besten Einweghandschuhe tragen, da sie stark färben). Kartoffeln und Rote Beten in einem Topf mit Salzwasser bedeckt aufkochen und zugedeckt bei mittlerer Hitze in ca. 20 Min. weich garen.

2 Inzwischen die Zwiebeln schälen und fein würfeln. 25 g Butter in einer beschichteten Pfanne zerlassen und die Zwiebeln darin unter Rühren in 5–7 Min. goldbraun braten. Die Pfanne vom Herd nehmen und die Zwiebeln abgedeckt warm halten.

3 Die Kartoffel-Bete-Mischung abgießen. Milch und übrige Butter (25 g) dazugeben und alles mit dem Kartoffelstampfer grob zerstampfen. Zwei Drittel der Zwiebeln gründlich untermischen. Das Püree mit Salz und Pfeffer würzen und mit den übrigen Zwiebeln bestreut servieren.

Für 4 Personen • 45 Min. Zubereitung • Pro Portion ca. 585 kcal, 26 g EW, 11 g F, 93 g KH

ONE-POT-REIS MIT ERBSEN

EINFACH

1 Bund Frühlingszwiebeln
400 g Risotto-Reis (z. B.
   Arborio)
1,2 l Gemüsebrühe
400 g TK-Erbsen
120 g italienischer Hartkäse
   (z. B. Montello)
Salz
Pfeffer

1 Die Frühlingszwiebeln waschen und putzen, die weißen und grünen Teile getrennt in feine Ringe schneiden. Die grünen Frühlingszwiebelteile abgedeckt beiseitestellen.

2 Die weißen Frühlingszwiebelteile mit dem Reis in einem großen Topf mischen und die Brühe angießen. Alles aufkochen und zugedeckt bei mittlerer Hitze 15 Min. köcheln lassen. Dann die Erbsen unter den Reis mischen und alles noch ca. 10 Min. weitergaren, bis der Reis bissfest ist und die Brühe fast vollständig aufgenommen hat. Während des Garens zwischendurch immer wieder umrühren.

3 Inzwischen den Käse reiben. Die Hälfte des Käses unter den fertigen Reis rühren. Den Reis mit Salz und Pfeffer abschmecken und in tiefen Tellern oder in Schalen verteilen. Mit dem übrigen Käse und den grünen Frühlingszwiebeln bestreuen und sofort servieren.

Für 4 Personen • 40 Min. Zubereitung • Pro Portion ca. 285 kcal, 8 g EW, 8 g F, 51 g KH

KÜRBIS-QUINOA-EINTOPF 🌿

HERBST-REZEPT

1 Hokkaido-Kürbis (ca. 1 kg)
2 EL Olivenöl
2 TL Ras el Hanout (orientalische
  Gewürzmischung)
800 ml Gemüsebrühe
125 g bunte Quinoa
Salz
Pfeffer

GUT ZU WISSEN

Bunt gemischte Quinoa vereint weiße, rote und schwarze Körner in einer Packung und bringt auf diese Weise dreierlei Geschmacksnuancen auf den Teller: Die weiße Sorte schmeckt mild, die rote fein-nussig und die schwarze Quinoa intensiv.

1 Den Kürbis waschen, trocken reiben und halbieren, die Kerne und Fasern mit einem Löffel entfernen. Den Kürbis erst in ca. 2 cm breite Spalten, diese dann quer in ca. 2 cm große Stücke schneiden.

2 Das Olivenöl in einem Topf erhitzen und den Kürbis darin bei mittlerer Hitze ca. 3 Min. unter Rühren andünsten. Mit Ras el Hanout bestäuben und kurz weiterdünsten. Die Brühe dazugießen und langsam zum Kochen bringen.

3 Die Quinoa in einem Sieb lauwarm abspülen und abtropfen lassen. In den Eintopf geben, alles erneut aufkochen und zugedeckt bei kleiner bis mittlerer Hitze 15–20 Min. kochen, bis die Quinoa bissfest ist.

4 Den Eintopf mit Salz und Pfeffer abschmecken und in tiefen Tellern anrichten.

AUS DEM OFEN

SPARGELGRATIN MIT WALNÜSSEN

FRÜHLINGS-REZEPT

Salz
1 kg grüner Spargel
50 g italienischer Hartkäse
  (z. B. Montello)
50 g Butter
Pfeffer
40 g Walnusskerne
100 g getrocknete Tomaten in
  Öl (aus dem Glas)

1 In einem Topf reichlich Salzwasser zum Kochen bringen. Inzwischen den Spargel waschen und im unteren Drittel schälen, die Enden abschneiden. Die Stangen ins kochende Salzwasser geben, zugedeckt aufkochen und bei kleiner Hitze ca. 4 Min. ziehen lassen. Dann den Spargel vorsichtig mit einer Schaumkelle aus dem Topf heben, in einem Sieb kalt abschrecken und sehr gut abtropfen lassen.

2 Den Backofen auf 220° vorheizen. Den Käse reiben. Die Butter in einem kleinen Topf zerlassen und kurz aufschäumen. Die Spargelstangen dicht nebeneinander auf ein Backblech oder in eine Auflaufform legen und die Butter darübergeben. Mit Salz und Pfeffer würzen und mit dem Käse bestreuen. Den Spargel im Ofen (Mitte) 12–15 Min. überbacken.

3 Inzwischen die Walnüsse hacken und in einer Pfanne ohne Fett anrösten, bis sie zu duften beginnen. Die Nüsse auf einem Teller abkühlen lassen. Die Tomaten abtropfen lassen und in kleine Würfel schneiden. Die Nüsse mit den Tomaten mischen und den gratinierten Spargel zum Servieren damit bestreuen. Dazu passt Baguette.

Für 4 Personen • 45 Min. Zubereitung • 25 Min. Backen • Pro Portion ca. 545 kcal, 22 g E, 35 g F, 34 g KH

BACKKARTOFFELN MIT QUARKDIP

FÜR KINDER

FÜR DIE KARTOFFELN
4 große, festkochende Kartof-
  feln (à 230–250 g)
Salz
4 EL Olivenöl

FÜR DEN QUARKDIP
2 reife Avocados
2 EL Zitronensaft
500 g Magerquark
2 EL Olivenöl
Pfeffer

AUSSERDEM
4 Stücke Alufolie (à
  ca. 30 × 20 cm)

1 Kartoffeln waschen und in Salzwasser zugedeckt bei mittlerer Hitze ca. 15 Min. vorgaren. Inzwischen Backofen auf 200° vorheizen. Kartoffeln abgießen, kurz ausdampfen lassen. Jedes Alufolienstück mit 1 EL Olivenöl bestreichen und mit Salz bestreuen. Je 1 Kartoffel darin einwickeln. Kartoffeln im Ofen (Mitte) 20–25 Min. backen.

2 Inzwischen Avocados halbieren und entkernen, Fruchtfleisch aus der Schale lösen. Zwei Avocadohälften klein würfeln und mit 1 EL Zitronensaft beträufeln. Restliche Avocado mit Quark, übrigem Zitronensaft (1 EL) und 2 EL Öl in einem Mixbecher mit dem Pürierstab glatt pürieren. Den Quarkdip mit Salz und Pfeffer abschmecken.

3 Kartoffeln aus dem Ofen nehmen. Folie öffnen, Kartoffeln längs einschneiden und an den Enden etwas zusammendrücken, sodass sie in der Mitte aufbrechen. Hälfte des Dips darauf verteilen und mit den Avocadowürfeln bestreuen. Übrigen Dip dazu reichen.

Für 4 Personen • 30 Min. Zubereitung • 45 Min. Backen • Pro Portion ca. 290 kcal, 14 g E, 10 g F, 35 g KH

KARTOFFEL-STECKRÜBEN-GRATIN

WINTER-REZEPT

*800 g vorwiegend festkochende
   Kartoffeln
800 g Steckrüben
600 ml Gemüsebrühe
120 g Bergkäse
Salz
Pfeffer
1 Bund Schnittlauch*

1 Den Backofen auf 180° vorheizen. Die Kartoffeln schälen. Die Steckrüben putzen, schälen und je nach Größe längs halbieren oder vierteln. Kartoffeln und Steckrüben in dünne Scheiben hobeln oder schneiden. Die Brühe erhitzen. Den Käse reiben.

2 Die Kartoffel- und Steckrübenscheiben mischen und in eine flache ofenfesten Form (ca. 30 × 20 cm) geben oder auf einem kleinen tiefen Backblech verteilen. Mit Salz und Pfeffer würzen. Die Brühe dazugießen und alles mit dem Käse bestreuen.

3 Das Gratin im Ofen (Mitte) ca. 45 Min. garen. Falls der Käse gegen Ende der Garzeit zu dunkel wird, die Form mit Backpapier abdecken. Kurz vor Ende der Garzeit den Schnittlauch waschen, trocken schütteln und in feine Röllchen schneiden. Das Gratin aus dem Ofen nehmen und mit Schnittlauch bestreuen.

OFENGEMÜSE MIT BOHNENMUS 🍃

EINFACH

800 g Möhren
600 g Pastinaken
600 g kleine Rote Beten
5 EL Olivenöl
Salz
Pfeffer
2 Dosen weiße Bohnen
(à 250 g Abtropfgewicht)

MEHR DARAUS MACHEN
Gibt es Reste vom Bohnenpüree? Kein Problem: Einfach abkühlen lassen und mit Gemüsesticks und Fladenbrot als kleinen Imbiss servieren. Oder als veganen Brotaufstrich verwenden. Lecker!

1 Den Backofen auf 220° vorheizen. Ein Backblech mit Backpapier auslegen. Die Möhren und Pastinaken putzen, schälen und jeweils längs vierteln. Die Roten Beten putzen und schälen (dabei am besten Einweghandschuhe tragen, da sie stark färben). Je nach Größe ganz lassen oder halbieren und in ca. 1 cm dicke Scheiben schneiden.

2 In einer Schüssel 2 EL Olivenöl mit etwas Salz und Pfeffer verrühren. Möhren und Pastinaken in dem Würzöl gründlich wenden, die Roten Beten nur kurz untermischen. Das Gemüse auf dem Backpapier verteilen und im Ofen (unteres Drittel) ca. 35 Min. garen.

3 Inzwischen die Bohnen in ein Sieb abgießen, kalt abspülen und abtropfen lassen. 1 EL Öl in einem Topf erhitzen, die Bohnen und 100 ml Wasser dazugeben und alles mit Salz und Pfeffer würzen. Zugedeckt aufkochen und bei kleiner Hitze ca. 10 Min. dünsten. Dann die Bohnen samt dem Kochwasser mit einem Pürierstab fein pürieren. Das Püree mit Salz und Pfeffer abschmecken und mit dem Ofengemüse auf Tellern anrichten. Mit dem restlichen Öl (2 EL) beträufelt servieren.

POLENTA-GEMÜSE-AUFLAUF

AUS ITALIEN

Salz
200 g Polenta (Maisgrieß)
2 Zucchini (à ca. 200 g)
7 EL Olivenöl
Pfeffer
4 Tomaten (ca. 350 g)
60 g italienischer Hartkäse (z. B.
  Montello)

TAUSCH-TIPP

Wer es eilig hat, kann statt der Zucchini und Tomaten auch 600 g tiefgefrorenes italienisches Pfannengemüse verwenden. In einer Pfanne mit etwas Olivenöl bei starker Hitze ca. 4 Min. anbraten, auf der Polenta verteilen und wie im Rezept beschrieben überbacken.

1 In einem Topf 1 l Wasser zum Kochen bringen und 2 TL Salz einstreuen. Die Polenta unter Rühren mit einem Schneebesen einrieseln lassen und unter ständigem Rühren aufkochen (Achtung: Die Polenta spritzt!). Dann bei kleiner Hitze unter gelegentlichem Rühren 10–15 Min. garen.

2 Inzwischen die Zucchini waschen, putzen und in ca. 0,5 cm dicke Scheiben schneiden. 4 EL Olivenöl in einer großen Pfanne erhitzen und die Zucchinischeiben darin portionsweise von beiden Seiten bei mittlerer bis großer Hitze in je 1–2 Min. hellbraun braten, dabei mit Salz und Pfeffer würzen. Die Zucchini aus der Pfanne nehmen und auf einem Teller abkühlen lassen.

3 Den Backofen auf 200° vorheizen. Die Tomaten waschen, vom Stielansatz befreien und quer in ca. 1 cm dicke Scheiben schneiden. Den Käse reiben. Die Hälfte des Käses und 2 EL Öl in die Polenta rühren. Die Polenta mit Salz und Pfeffer würzen und, falls sie zu fest ist, noch etwas heißes Wasser unterrühren.

4 Eine Auflaufform (ca. 30 × 20 cm) mit ca. 1 TL Olivenöl fetten. Die Polenta hineingeben und glatt streichen. Die Zucchini- und Tomatenscheiben abwechselnd und leicht überlappend darauflegen. Mit dem übrigen geriebenen Käse bestreuen und mit dem restlichen Öl (ca. 1 TL) beträufeln. Den Auflauf im Ofen (Mitte) 25–30 Min. backen. Dazu passt ein grüner Salat.

GEMÜSEQUICHE À LA PROVENCE

AUS FRANKREICH

1 Pck. frischer Mürbeteig (300 g; aus dem Kühlregal)
1 Pck. TK-Gemüsepfanne (z. B. Ratatouille-Mix; ca. 500 g)
2 EL Olivenöl
4 Eier (Größe M)
250 g Crème fraîche
Salz
Pfeffer

AUSSERDEM
Quicheform (28 cm ⌀)
Olivenöl für die Form

GUT ZU WISSEN
Kaufen Sie tiefgekühlte Gemüsemischungen am besten ohne Zusätze und Saucen. Denn letztere enthalten oft viele Farb- und Konservierungsstoffe, Aromen, Geschmacksverstärker und Zucker. Einige Hersteller werben damit, dass sie in TK-Produkten keine Zusatzstoffe verwenden.

1 Den Backofen auf 190° vorheizen. Die Quicheform mit Olivenöl fetten. Den Teig nach Packungsanweisung vorbereiten.

2 Inzwischen das TK-Gemüse mit dem Olivenöl in einer Pfanne auf höchster Stufe erhitzen, dann bei mittlerer Hitze ca. 5 Min. unter mehrmaligem Umrühren garen.

3 Den Teig mit dem mitgerollten Backpapier entrollen, vom Papier ablösen und die Form damit auskleiden. Das Gemüse auf dem Teig verteilen.

4 Für den Guss die Eier mit der Crème fraîche in einer Schüssel gut verquirlen. Den Guss mit Salz und Pfeffer würzen und über das Gemüse gießen.

5 Die Quiche im Ofen (unteres Drittel) in 40–45 Min. goldbraun backen. Falls die Quiche zu dunkel wird, etwa 10 Min. vor Ende der Backzeit mit Backpapier abdecken.

6 Die Quiche aus dem Ofen nehmen, ca. 10 Min. abkühlen lassen. Zum Servieren in Stücke schneiden.

Für 4 Personen • 50 Min. Zubereitung • Pro Portion ca. 480 kcal, 20 g E, 36 g F, 25 g KH

OFEN-FETA AUF KÜRBISGEMÜSE

LOW CARB

1 Butternusskürbis (ca. 1,2 kg)
5 EL Olivenöl
Salz
Pfeffer
750 g Tomaten
400 g Schafskäse (Feta)
6 Zweige Thymian

GUT ZU WISSEN

Feta auf Kürbis-Tomaten-Gemüse ist wunderbar für alle geeignet, die weitestgehend auf Kohlenhydrate verzichten, aber sich trotzdem satt essen möchten. Wer gerne stippt, serviert dazu ofenfrisches Baguette. Allerdings ist das Ganze dann nicht mehr »Low Carb«, also mit wenigen Kohlenhydraten.

1 Den Backofen auf 220° vorheizen. Den Kürbis längs halbieren und schälen, die Fasern und Kerne entfernen. Das Fruchtfleisch in ca. 2,5 cm große Stücke schneiden.

2 In einer großen Schüssel 4 EL Olivenöl mit etwas Salz und Pfeffer gut verrühren, die Kürbisstücke hineingeben und alles gut vermischen. Die Kürbismischung in einer Auflaufform (ca. 40 × 20 cm) gleichmäßig verteilen und im Ofen (Mitte) ca. 20 Min. backen.

3 Inzwischen die Tomaten waschen, von den Stielansätzen befreien und in schmale Spalten schneiden. Die Tomatenspalten mit Salz und Pfeffer würzen. Den Feta trocken tupfen und in vier gleich große Scheiben schneiden. Den Thymian abbrausen und trocken schütteln, die Blätter abstreifen und hacken.

4 Die Form aus dem Ofen nehmen. Die Tomaten darauf verteilen und vorsichtig untermischen. Den Feta daraufsetzen und mit dem Thymian bestreuen. Mit dem übrigen Öl (1 EL) beträufeln und im Ofen weitere 15 Min. backen. Herausnehmen und das Gemüse mit dem Feta auf Tellern anrichten.

SÜSSES

Für 4 Personen • 20 Min. Zubereitung • 2 Std. 30 Min. Abkühlen / Kühlen • Pro Portion ca. 375 kcal, 4 g E, 30 g F, 21 g KH

KOKOS-COTTA MIT ERDBEEREN

FÜR GÄSTE

1 Pck. pflanzliches Gelier-
mittel (Gelatine-Ersatz;
für 500 ml Flüssigkeit)
400 g cremige Kokosmilch
(aus der Dose)
100 g Sahne
50 g Rohrohrzucker
300 g Erdbeeren

1 Das Geliermittel mit der Kokosmilch und der Sahne in einer Schüssel mit dem Schneebesen glatt rühren. Den Zucker in einem kleinen Topf bei kleiner Hitze schmelzen und karamellisieren lassen. Die angerührte Kokosmilch-Sahne zum Karamell geben. Die Mischung unter Rühren aufkochen und ca. 2 Min. bei kleiner Hitze köcheln lassen.

2 Die Creme auf vier Dessertgläser (à ca. 150 ml) verteilen und lauwarm abkühlen lassen. Dann abgedeckt ca. 2 Std. in den Kühlschrank stellen.

3 Vor dem Servieren die Erdbeeren waschen, trocken tupfen, putzen und je nach Größe halbieren oder vierteln. Auf der Kokos-Cotta verteilen und servieren.

Für 4 Personen • 15 Min. Zubereitung • Pro Portion ca. 295 kcal, 4 g E, 24 g F, 14 g KH

AVOCADOCREME MIT HIMBEEREN

SCHNELL

1 Bio-Limette
2 reife Avocados
2 EL flüssiger Honig
200 g griechischer Joghurt
    (10 % Fett)
250 g Himbeeren

1 Die Limette heiß waschen und trocken reiben, die Schale fein abreiben und 3 EL Saft auspressen. Die Avocados halbieren und entkernen, das Fruchtfleisch mit einem Löffel aus der Schale lösen.

2 Das Avocadofruchtfleisch mit der Limettenschale, dem Limettensaft und dem Honig in einer hohen Rührschüssel mit dem Pürierstab fein pürieren. Den griechischen Joghurt glatt rühren und unter das Avocadopüree mischen.

3 Die Himbeeren verlesen, in einem Sieb kurz kalt abbrausen und anschließend vorsichtig trocken tupfen. Die Avocadocreme in Dessertschalen verteilen und die Himbeeren darauf anrichten.

Für 4 Personen • 45 Min. Zubereitung • Pro Portion ca. 505 kcal, 13 g E, 9 g F, 90 g KH

MILCHREIS MIT ZWETSCHGEN

FÜR KINDER

1 Vanilleschote
Salz
250 g Milchreis (Rundkornreis)
1 l Milch
500 g Zwetschgen
5 EL Rohrohrzucker

1 Die Vanilleschote längs aufschneiden, das Mark herauskratzen. Das Vanillemark und die -schote mit 1 Prise Salz, dem Milchreis und der Milch in einen Topf geben. Zugedeckt aufkochen und offen bei kleiner Hitze ca. 25 Min. köcheln lassen, dabei immer wieder umrühren.

2 Inzwischen die Zwetschgen waschen, halbieren und entsteinen. 3 EL Zucker in die Mitte einer großen beschichteten Pfanne häufen und bei mittlerer Hitze schmelzen und leicht karamellisieren lassen. Die Zwetschgen in die Pfanne geben und in dem karamellisierten Zucker 2–3 Min. vorsichtig wenden, bis sie glänzen.

3 Die Vanilleschote aus dem Milchreis entfernen. Den restlichen Zucker (2 EL) unter den Milchreis rühren und diesen nach Belieben sofort in Schalen verteilen oder vorher etwas abkühlen lassen. Die karamellisierten Zwetschgen samt dem gezogenen Saft daraufgeben.

GU CLOU

Ohne Zauberei wird aus dem Traditionsdessert ein cremiger und exotischer Traum: Lassen Sie den Reis statt in Kuhmilch einfach in ungesüßtem Kokosdrink oder einer Mischung aus 600 ml Kokosmilch (Dose) und 400 ml Wasser quellen.

Für 4 Personen • 20 Min. Zubereitung • 1 Std. Kühlen • Pro Portion ca. 325 kcal, 2 g E, 16 g F, 42 g KH

ROTE GRÜTZE MIT SAHNE

EINFACH

*250 ml Schwarzer Johannis-
beernektar*
5 EL Rohrohrzucker
1 EL Speisestärke
500 g TK-Beerenmischung
200 g Sahne

1 Den Johannisbeernektar mit 4 EL Zucker in einem Topf aufkochen und köcheln, bis sich der Zucker gelöst hat.

2 Die Speisestärke mit 3 EL kaltem Wasser glatt rühren und zur Nektarmischung geben. Alles unter Rühren einmal aufkochen und andicken lassen.

3 Die Beerenmischung untermischen. Die Grütze in eine Schüssel füllen und abgedeckt ca. 1 Std. kalt stellen.

4 Vor dem Servieren die Sahne mit dem übrigen Zucker (1 EL) halbsteif schlagen. Die Rote Grütze in Gläser füllen und die Sahne daraufgeben oder dazu servieren.

Für 4 Personen • 30 Min. Zubereitung • 1 Std. 30 Min. Abkühlen/Kühlen • Pro Portion ca. 415 kcal, 9 g E, 24 g F, 41 g KH

APFEL-HONIGMANDEL-DESSERT

GUT VORZUBEREITEN

500 g säuerliche Äpfel (z. B. Boskop oder Elstar)
½ Bio-Zitrone
4 EL flüssiger Honig
80 g Mandelblättchen
500 g griechischer Joghurt (10 % Fett)

1 Äpfel schälen, vierteln, entkernen und in ca. 2 cm große Stücke schneiden. Zitrone heiß waschen und trocken reiben, ein großes Stück Schale dünn abschälen und den Saft auspressen. Äpfel mit Zitronenschale und -saft, 3 EL Wasser und 2 EL Honig in einem Topf aufkochen und zugedeckt bei kleiner Hitze in 10–15 Min. weich dünsten. Dann die Mischung mit dem Pürierstab fein pürieren oder mit einer Gabel zerdrücken. Abkühlen lassen.

2 Inzwischen die Mandeln in einer beschichteten Pfanne ohne Fett bei mittlerer Hitze in ca. 5 Min. goldbraun rösten. Den übrigen Honig gut untermischen. Die Honigmandeln auf ein Stück Backpapier geben, glatt streichen und abkühlen lassen.

3 Den Joghurt glatt rühren und abwechselnd mit dem Apfelmus in Gläser schichten. Das Dessert ca. 1 Std. kalt stellen. Zum Servieren die Honigmandeln darauf verteilen.

1

2

3

PAPAYA-QUARK-STRUDEL

FÜR GÄSTE

4

5

6

3 Eigelb (Größe M)
125 g weiche Butter
500 g Limettenquark (aus dem
Kühlregal)
1 reife Papaya (ca. 400 g)
1 Pck. Strudelteig (120 g;
2 × 2 Strudelblätter, aus dem
Kühlregal; z. B. Tante Fanny)

TAUSCH-TIPP

Je nach saisonalem Angebot können Sie den Strudel mit anderen Früchten abwandeln: Nicht nur Papayastücke harmonieren gut mit dem Limettenquark, sondern auch Aprikosen, Heidelbeeren, Brombeeren, Süß- oder Sauerkirschen.

FÜLLUNG: Die Eigelbe und 100 g Butter in einer Rührschüssel mit den Rührbesen des Handrührgeräts hellcremig schlagen. Den Limettenquark esslöffelweise unterrühren (Bild 1). Die Papaya halbieren und die Kerne mit einem Löffel entfernen, die Hälften schälen und in ca. 1 cm große Würfel schneiden (Bild 2).

TEIG: Den Backofen auf 200° vorheizen. Ein Backblech mit Backpapier auslegen. Die übrige Butter (25 g) in einem kleinen Topf zerlassen. Den Strudelteig nach Packungsanweisung vorbereiten. Ein Strudelteigblatt auf ein sauberes, feuchtes Küchentuch legen und an der unteren Längsseite mit Butter bepinseln (Bild 3). Mit einem weiteren Teigblatt quer belegen.

ROLLEN: Die Hälfte der Quarkmasse auf die untere Hälfte vom Teig geben und gleichmäßig verstreichen, dabei an allen Seiten einen 3–4 cm breiten Rand frei lassen. Die Hälfte der Papayawürfel darauf verteilen (Bild 4). Die Ränder links und rechts über die Quarkmasse klappen. Den Strudel mithilfe des Tuchs vorsichtig einrollen (Bild 5). Den Teigrand am Ende mit etwas flüssiger Butter bestreichen und den Strudel ganz einrollen.

BACKEN: Den Strudel mithilfe des Tuchs mit der Naht nach unten auf das Backblech legen. Den zweiten Strudel mit den übrigen beiden Teigblättern und der restlichen Füllung auf die gleiche Art zubereiten und ebenfalls auf das Blech legen. Die Strudel mit der übrigen Butter bestreichen und im Ofen (Mitte) ca. 25 Min. backen. Herausnehmen, in jeweils vier Portionsstücke schneiden und lauwarm servieren (Bild 6).

Für 4 Personen • 20 Min. Zubereitung • 25 Min. Backen • Pro Portion ca. 495 kcal, 7 g E, 26 g F, 54 g KH

SAUERKIRSCH-MOHN-CRUMBLE

SCHNELL

500 g TK-Schattenmorellen
(entsteint)
100 g weiche Butter
100 g brauner Zucker
125 g Dinkelmehl (Type 630)
50 g gemahlener Mohn

AUSSERDEM
runde Auflaufform
(ca. 24 cm ⌀)
Butter für die Form

1 Den Backofen auf 200° vorheizen. Die Auflaufform mit Butter fetten. Die Kirschen antauen lassen.

2 Für die Streusel die Butter mit dem Zucker in einer Schüssel mit den Rührbesen des Handrührgeräts gut verrühren. Das Mehl und den Mohn einer zweiten Schüssel mischen. Die Mehlmischung zur Buttermischung geben und alles mit den Knethaken des Handrührgeräts oder mit den Händen zu groben Streuseln verkneten.

3 Die Kirschen in der Auflaufform verteilen und die Streusel daraufgeben. Den Sauerkirsch-Mohn-Crumble im Ofen (Mitte) in ca. 25 Min. goldbraun backen. Herausnehmen und warm servieren. Dazu passt Vanillesauce oder Vanilleeis.

Für 10 Stück • 20 Min. Zubereitung • 20 Min. Backen • Pro Stück ca. 185 kcal, 4 g E, 6 g F, 28 g KH

BIRNEN-WALNUSS-SCHNECKEN

GUT VORZUBEREITEN

50 g Walnusskerne
50 g brauner Zucker
300 g reife, aber feste Birnen
    (z. B. Forelle)
1 EL Zitronensaft
1 Pck. frischer Hefeteig mit
    Butter (450 g; aus dem
    Kühlregal)

1 Den Backofen auf 180° vorheizen. Ein Backblech mit Backpapier belegen. Die Walnüsse hacken und in einer beschichteten Pfanne ohne Fett bei mittlerer Hitze rösten. Vom Herd nehmen, etwas abkühlen lassen und mit dem Zucker mischen. Die Birnen schälen, vierteln, entkernen, grob raspeln und sofort mit Zitronensaft beträufeln.

2 Teig direkt aus dem Kühlschrank verarbeiten. Mitsamt Backpapier entrollen und mit einer Gabel mehrmals einstechen. Nüsse daraufstreuen und Birnen darauf verteilen. Von einer Längsseite her mithilfe des Papiers einrollen, das Papier nicht mit einwickeln. Rolle mit der Naht nach unten auf die Arbeitsfläche legen und mit einem scharfen Messer in zwölf gleich dicke Scheiben (3–4 cm) schneiden.

3 Schnecken mit etwas Abstand zueinander auf das Blech legen und im Ofen (Mitte) in ca. 20 Min. goldbraun backen. Herausnehmen und auf einem Kuchengitter abkühlen lassen.

REGISTER

Vegane Rezepte, die im Buch mit einem ◖ gekennzeichnet sind, sind hier grün abgesetzt.

Abkürzungsverzeichnis:
E = Eiweiß
EL = Esslöffel
(gestrichen)
F = Fett
kcal = Kilokalorien
KH = Kohlenhydrate
Msp. = Messerspitze
Pck. = Päckchen
TK = Tiefkühl
TL = Teelöffel
(gestrichen)
Ø = Durchmesser

LIEBE LESERINNEN UND LESER,

wir wollen Ihnen mit diesem Buch Informationen und Anregungen geben, um Ihnen das Leben zu erleichtern oder Sie zu inspirieren, Neues auszuprobieren. Wir achten bei der Erstellung unserer Bücher auf Aktualität und stellen höchste Ansprüche an Inhalt und Gestaltung. Alle Anleitungen und Rezepte werden von unseren Autoren, jeweils Experten auf ihren Gebieten, gewissenhaft erstellt und von unseren Redakteur*innen mit größter Sorgfalt ausgewählt und geprüft.

Haben wir Ihre Erwartungen erfüllt? Sind Sie mit diesem Buch und seinen Inhalten zufrieden? Wir freuen uns auf Ihre Rückmeldung. Und wir freuen uns, wenn Sie diesen Titel weiterempfehlen, in Ihrem Freundeskreis oder bei Ihrem Online-Kauf.

Sollten wir Ihre Erwartungen so gar nicht erfüllt haben, tauschen wir Ihnen Ihr Buch jederzeit gegen ein gleichwertiges zum gleichen oder ähnlichen Thema um.

KONTAKT ZUM LESERSERVICE

GRÄFE UND UNZER VERLAG
Grillparzerstraße 12
81675 München
www.gu.de

© 2021 GRÄFE UND UNZER VERLAG GmbH, Postfach 860366, 81630 München

GU ist eine eingetragene Marke der GRÄFE UND UNZER VERLAG GmbH, www.gu.de

ISBN 978-3-8338-7875-6
5. Auflage 2023

Projektleitung: Linh Nguyen
Lektorat: Karin Kerber
Korrektorat: Waltraud Schmidt
Innen- und Umschlaggestaltung: independent Medien-Design, Horst Moser, München
Herstellung: Gloria Schlayer
Satz: Kösel, Krugzell
Reproduktion: Medienprinzen GmbH, München
Druck und Bindung: Firmengruppe APPL, aprinta druck, Wemding
Printed in Germany

Ein Unternehmen der
GANSKE VERLAGSGRUPPE

Umwelthinweis:
Nachhaltigkeit ist uns sehr wichtig. Der Rohstoff Papier ist in der Buchproduktion hierfür von entscheidender Bedeutung. Daher ist dieses Buch auf PEFC-zertifiziertem Papier gedruckt. PEFC garantiert, dass ökologische, soziale und ökonomische Aspekte in der Verarbeitungskette unabhängig überwacht werden und lückenlos nachvollziehbar sind.

Syndication: www.seasons.agency

DIE AUTORIN
Martina Kittler ist Oecotrophologin und Autorin zahlreicher Kochbücher. Sie legt viel Wert auf eine gesunde und ausgewogene Ernährung. Mit den kreativen und köstlichen Rezepten in diesem Buch zeigt sie, wie man nur mit 5 Zutaten leckere und gesunde Gerichte zubereiten kann.

DIE FOTOGRAFINNEN
Maria Grossmann und Monika Schürle arbeiten seit Jahren gemeinsam in den Bereichen Food, Still und Interieur in Hamburg und Berlin. Ihre Auftraggeber sind Magazine, Verlage und Agenturen. Bei der Produktion dieses Buches wurden sie von Lukas Grossmann (Foodstyling) unterstützt.

BILDNACHWEIS
Grossmann.Schürle: S. 06–59 und Stepfotos auf den Klappen
Auen60 (Julia Schärdel & Ines Häberlein): S. 01, 05 und Stillleben auf den Klappen
Autorenfoto: Michael Kremer Fotodesign
Coverfoto: Kathrin Koschitzki

APPETIT AUF MEHR?

ISBN 978-3-8338-6622-7

ISBN 978-3-8338-7581-6

ISBN 978-3-8338-7302-7

ISBN 978-3-8338-7571-7

ISBN 978-3-8338-7556-4

ISBN 978-3-8338-4177-4

 Alle hier vorgestellten Bücher sind auch als eBook erhältlich.

Mehr von GU auf **www.gu.de** und ◼f **facebook.com/gu.verlag**

DIE »GU KOCHEN PLUS«-APP

 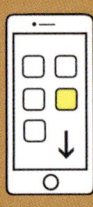

1 APP HERUNTERLADEN

Laden Sie die kostenlose »GU Kochen Plus«-App im Apple App Store oder im Google Play Store auf Ihr Smartphone. Starten Sie die App und wählen Sie Ihren Küchenratgeber aus.

2 REZEPTBILD SCANNEN

Scannen Sie das gewünschte Rezeptbild mit der Kamera Ihres Smartphones. Klicken Sie im Display die Funktion Ihrer Wahl.

3 FUNKTIONEN NUTZEN

Sammeln Sie Ihre Lieblingsrezepte. Speichern und verschicken Sie Ihre Einkaufslisten. Oder nutzen Sie den praktischen Supermarkt-Finder und den Rezept-Planer.